BEI GRIN MACHT SICH IHR
WISSEN BEZAHLT

Renate Schallehn

Spezielle Probleme der Psychotherapie Älterer: Übertragung und Gegenübertragung

GRIN Verlag

Bibliografische Information der Deutschen Nationalbibliothek:

Die Deutsche Bibliothek verzeichnet diese Publikation in der Deutschen National-
bibliografie; detaillierte bibliografische Daten sind im Internet über http://dnb.d-
nb.de/ abrufbar.

Impressum:

Copyright © 1995 GRIN Verlag GmbH
Druck und Bindung: Books on Demand GmbH, Norderstedt Germany
ISBN: 978-3-640-17147-7

Dieses Buch bei GRIN:

http://www.grin.com/de/e-book/63986/spezielle-probleme-der-psychotherapie-
aelterer-uebertragung-und-gegenuebertragung

GRIN - Your knowledge has value

Der GRIN Verlag publiziert seit 1998 wissenschaftliche Arbeiten von Studenten, Hochschullehrern und anderen Akademikern als eBook und gedrucktes Buch. Die Verlagswebsite www.grin.com ist die ideale Plattform zur Veröffentlichung von Hausarbeiten, Abschlussarbeiten, wissenschaftlichen Aufsätzen, Dissertationen und Fachbüchern.

Besuchen Sie uns im Internet:

http://www.grin.com/

http://www.facebook.com/grincom

http://www.twitter.com/grin_com

Seminar: Klinische Psychogerontologie   7.2.1995

    WS 94/95

Referat: **Spezielle Probleme der Psychotherapie Älterer: Übertragung, Gegenübertra-**

    gung und Multimorbidität

Teil 1: **Übertragung und Gegenübertragung**

Referentin: Renate Schallehn

Inhalt

Einleitung

"Analytiker sind nicht weiser und abgeklärter als andere Leute. Sie sind überhaupt nicht anders als andere Leute (...) Sobald der Analytiker aus seinem Sprechzimmer tritt, verringert sich sein Vorsprung, und er wird zum Jedermann und benimmt sich wie andere Leute auch (...). Ich selber habe mich weniger verändert als einige von mir analysierte Patienten."
(Aaron Green, in Malcolm, 1983, S. 130f).

Devereux (1967) interpretiert die Trennung von Forscher und Forschungsobjekt in der zeitgenössischen Psychologie als Angst des Forschers vor der Gegenübertragung. Um der möglichen Zuneigung der Versuchspersonen zu entgehen, reagiere der Forscher mit Gegenabwehr in Form strenger Methoden.

Mit der Berücksichtigung von Übertragungs- und Gegenübertragungsprozessen kommt die Beziehung zwischen Analytiker und Analysand ins Blickfeld. In der heutigen Psychoanalyse (PA) geht es nicht mehr nur um eine Einsicht in frühkindliche Konfliktzusammenhänge, sondern immer stärker auch um die Analyse des gegenwärtigen Beziehungsgeschehens in der analytischen Situation.

1. Das Phänomen der Übertragung

Freud beschreibt 1905 anhand eines eigenen therapeutischen Mißerfolgs, dem Fall "Dora", wie ihm im Nachhinein die große Bedeutung der Übertragung für die PA bewußt wurde. Bei Dora hatte er während der Behandlung 1900 nicht erkannt, daß sich eine bestimmte Übertragungsreaktion auf ihren Geliebten, nicht auf ihren Vater bezog. Sie agierte, indem sie anstelle ihres Geliebten Freud verließ, d.h. nach drei Monaten die Behandlung vorzeitig abbrach. Seitdem bezeichnet Freud die Übertragung sowohl als einen der wichtigsten Bundesgenossen für den Erfolg der Behandlung als auch als einen der häufigsten Gründe für das Mißlingen der Therapie.

1.1. Begriffs- und Funktionsbestimmung

Übertragung ist nicht immer nur Widerstand, obwohl sie Freud zum ersten Mal in diesem Zusammenhang auffiel. Beide, Widerstand und Übertragung, enthalten wesentliche Informationen über die frühere, verdrängte Lebensgeschichte des Patienten:

"Übertragung ist das Erleben von Gefühlen, Trieben, Einstellungen, Phantasien und Abwehr gegenüber einer Person in der Gegenwart, die zu dieser Person nicht passen, sondern die eine Wiederholung von Reaktionen sind, welche ihren Ursprung in der Beziehung zu wichtigen Figuren der frühen Kindheit haben und unbewußt auf Figuren der Gegenwart verschoben werden. " (Greenson, 1986, S.167).

Wir unterscheiden positive Übertragungen (sexuelles Begehren, Sympathie, Liebe, Respekt) und negative Übertragungen (Zorn, Abneigung, Haß, Verachtung) gegenüber dem Analytiker.

Statt sich zu erinnern, neigen Patienten dazu, zu wiederholen. Die Wiederholung ist ein Widerstand gegen die Erinnerung. Wird aber die Übertragungsanalyse richtig eingesetzt, führt sie zu Erinnerungen, über diese zu Rekonstruktionen und im günstigen Fall zur Einsicht und zur Beendigung der Wiederholungen.

Thomä (1984) warnt vor der Gefahr des Mißbrauchs von Übertragungsdeutungen. Würden realitätsgerechte Wahrnehmungen ständig als Übertragungen aus der Vergangenheit gedeutet, könne es zu "chaotischen Übertragungsneurosen oder gar Übertragungspsychosen" kommen (S.54-56).

1.2. Allgemeine Kennzeichen des Übertragungsphänomens nach Greenson

- Unangemessenheit
- Intensität
- Ambivalenz ("keine Liebe ohne Haß" usw.)
- Launenhaftigkeit (besonders zu Beginn der Analyse)
- Zähigkeit (vor allem in späteren Phasen)

Übertragungsreaktionen kommen bei allen Menschen vor, sie entwickeln sich auch in jeder Analyse. Allerdings ist PA riskant, wenn der Patient nicht die Fähigkeit partieller und reversibler Regression besitzt. Freud verwendete den Begriff "Übertragungsneurose" zur Kennzeichnung von Patienten, die diese Fähigkeit haben (im Unterschied zu den narzißtischen Neurosen, die er nicht psychoanalytisch behandeln wollte).

1.3. Zeitpunkt zum Analysieren von Übertragungen

- wenn sie Widerstandsfunktion annimmt, wobei der Rapport zwischen Analytiker und Patien-

ten bereits entwickelt sein muß.

- wenn ein optimales Intensitätsniveau erreicht ist, d.h. wenn das Übertragungserlebnis für den

Patienten emotional bedeutsam ist, ihn aber nicht überwältigt.

Um die Übertragungsneurose maximal zu fördern, wahrt der klassische Psychoanalytiker eine relative Anonymität, hält die Abstinenzregel ein und zeigt ein "Spiegelverhalten". Da die Übertragungsneurose ein Artefakt der analytischen Situation ist und als Übergang von der Krankheit zur Gesundheit dient, indem sie an die Stelle der allgemeinen Neurose des Patienten tritt, kann und darf sie nur durch die analytische Arbeit aufgelöst werden. In Kurzverfahren der PA - so wird befürchtet - geschieht die erforderliche Arbeit nur selektiv und partiell oder gar nicht. Oft würden Übertragungsreaktionen befriedigt und manipuliert, was nur kurzfristige "Übertragungsheilungen" zur Folge habe.

2. Das Phänomen der Gegenübertragung

Dem Begriff der Übertragung auf der Seite des Patienten entspricht das Konzept der Gegenübertragung des Analytikers.

Freud spricht zum ersten Mal 1912 in seiner Abhandlung "Ratschläge für den Arzt bei der psychoanalytischen Behandlung" über die Gegenübertragung. Hier weist er dem Analytiker die Rolle der "undurchsichtigen Spiegelplatte" zu, die dabei helfen soll, die Übertragung auch wieder zu lösen.

Die Gefühle und Gedanken des Analytikers über seine Patienten enthalten natürlich genau wie die des Patienten über ihn unbewußte infantile Komponenten. Die Konflikte mancher Patienten liegen nun näher bei denen des Analytikers als die anderer Patienten. Wenn ein

Analytiker (u.a. dank seiner eigenen Analyse) nicht beunruhigt wird, an eigene Konflikte erinnert zu werden, kann er die Konflikte seiner Patienten auch verstehen und deuten, wenn sie seinen eigenen nahekommen. Seine Gegenübertragung wird kein Hindernis für den Analysefortschritt des Patienten sein.

Wie die Übertragung kann aber die Gegenübertragung die Analyse stützen oder behindern (s.1.). Wir müssen zwischen normaler und pathologischer Gegenübertragung unterscheiden.

2.1. Umgang mit der Gegenübertragung

Schläft der Analytiker z.B. während der Sitzung ein oder vergißt er einen Termin, "darf man i.d.R. vermuten, daß in seiner Seele mächtige Motive am Werk sein müssen, (...) die ganz oder teilweise unbewußt sind" (Brenner, 1982, S.130). Im Unterschied zu Greenson, der rät, sich in diesem Fall bei dem Patienten zu entschuldigen und sein Verhalten zu erklären, rät Brenner statt dessen, den Patienten nach seinen Gedanken und Gefühlen dazu zu fragen, um herauszufinden, wie dieser das Verhalten des Analytikers empfindet (als Kränkung, als Zeichen der Schwäche usw.). Es gelte, dem Patienten gegenüber Analytiker zu bleiben. Natürlich sollte der Analytiker auch durch Selbstanalyse seine unbewußten Gründe erforschen.

Diese "klassische" Auffassung ist heute einem mehr transaktionalen Verständnis gewichen, bei dem der Analytiker sich nicht mehr als nur reflektierender Spiegel, sondern als individuelle Persönlichkeit zeigt. Kein Analytiker ist fähig, alle Auswirkungen seines Unbewußten zu kontrollieren, auch wenn seine Kompetenz zu angemessener Konfliktlösung ausgeprägter sein sollte. Von daher ist er, wenn er zugeben kann, daß er auch selbst überträgt, vielleicht eher fähig, den Übertragungswiderstand des Patienten zu reduzieren. Zumindest ist auf diese Weise ein gleichwertigerer Diskurs möglich. Es gibt einige Hinweise dafür, daß die angeblich neutrale, unbeteiligte Spiegelhaltung des Analytikers eher negative Effekte hervorruft.

Bei der Indikationsstellung zur Psychoanalyse geht es heute nicht mehr nur um die Grenzen der Analysierbarkeit des Patienten, sondern auch um die der Persönlichkeit des Psychoanalytikers (subjektive Indikation). Trotz unterschiedlicher Richtungen und Entwicklungen innerhalb der Psychoanalyse bleibt es Ziel der Behandlung, unbewußte Beziehungskonstellationen orientiert an der jeweiligen Gegenübertragungswahrnehmung des Analytikers bewußt zu machen.

3. Spezielle Probleme der Psychotherapie mit Älteren

3.1. Die Untersuchung von Kemper

Bei 6,25 % der 606 Patienten, die **Kemper** (1992) im 4.Quartal 1991 nervenärztlich behandelte, bestand eine Indikation für eine Psychotherapie, der nur 1,69 % zugeführt werden konnten. Die Unterversorgung der Patienten ist allerdings keineswegs ein Problem mangelnder Therapieplatzkapazität, sondern ein *Problem der Therapeuten* selbst. Kemper kooperiert in seiner Münchner Nervenarztpraxis mit 274 Psycho/- Verhaltenstherapeuten und fragt schriftlich in vierteljährlichen Abständen bei ihnen nach der verfügbaren Therapieplatzzahl und den Präferenzen der Therapeuten. Im besagten 4.Quartal 1991 reagierten 34 % der Therapeuten auf die Anfrage. Dabei ergab sich, daß über 2/3 der Psychoanalytiker und (immerhin nur) 1/3 der Verhaltenstherapeuten *nicht bereit* waren, *über 50jährige Patienten zu behandeln*!

Als Gründe für die mangelnde Bereitschaft vermutet Kemper vor allem folgende:
- die an einer Disengagement-Theorie orientierte Einstellung, psychische Erkrankungen
  Älterer seien nicht mehr (oder nur in seltenen Fällen) behandelbar
- mangelnde Kompetenz (keine fundierte gerontopsychologische Ausbildung, mangelnde Erfahrung)
- generelle Ablehnung Alternder

Radebold geht in seinem Artikel (1992) und seinem Buch (1992) u.a. auch ausführlich auf diese Gründe ein und entwickelt entsprechende praxisrelevante Zielsetzungen für die Arbeit mit Alternden in der Zukunft. Er weist auch auf einige Lichtblicke hin, so z.B. erweiterte Behandlungsmöglichkeiten für Ältere in Psychosomatischen Kliniken, unterschiedliche Angebote im psychoanalytischen Bereich (wie die psychoanalytische Fokaltherapie), aber auch anderer Therapierichtungen, Fortbildungen und Supervision für die Helfer sowie die von **Hirsch** entwickelte Balint-Gruppenarbeit. Die wichtigsten Ergebnisse zu den Aspekten Übertragung und Gegenübertragung in der Arbeit mit Alternden werden im folgenden anhand der Texte von Radebold und Hirsch referiert.

3.2. Radebold: Psychodynamik und Psychotherapie Älterer (1992)

3.2.1. Umgekehrte unbewußte und regelhafte Übertragungskonstellation

I.d.R. ist bei der Behandlung Älterer der Therapeut (wesentlich) jünger als sein Patient. Diese Konstellation wirkt sich deutlich auf die Behandlung aus. So überträgt der Patient von Anfang an positive und negative Gefühle aus früheren Beziehungen (gegenüber Geschwistern oder Kindern) auf den Therapeuten. Oft soll der Therapeut als phantasiertes Idealkind das ersetzen, was die eigenen Kinder des Patienten nicht leisten konnten oder wollten. Bereits im Erstinterview zeigt sich oft die *umgekehrte Übertragungskonstellation*. Der Patient erwähnt seine Gedanken und Gefühle gegenüber eigenen Geschwistern oder Kindern und versucht durch Testfragen zu ermitteln, ob der jüngere Therapeut ihn versteht oder nicht (Radebold, S.126).

Dazu parallel entwickelt sich aber die *regelhafte Übertragungskonstellation*, bei der der Patient im jüngeren Therapeuten einen mächtigen oder liebevollen Eltern- oder Großelternteil sucht, obwohl diese Konstellation wegen des realen Altersunterschieds zunächst paradox erscheint. Diese Entwicklung kann der Therapeut durch eigenes offenes und kompetentes Verhalten fördern.

Manchmal ergibt sich auch der Ausweg einer Aufspaltung der Übertragung, z.B. gegenüber zwei unterschiedlich alten Gruppenleitern (Radebold, S.22).

Radebold als Befürworter der lebenslangen Entwicklung führt Beispiele an, aus denen deutlich wird, daß gedeutete Übertragungsphänomene auch im Alter eine Quelle neuer Erfahrungen und eine Möglichkeit der Integration intergenerativer Beziehungen darstellen können.

3.2.2. Gegenübertragung

Professionelle Helfer haben wie alle Menschen sehr individuelle Vorstellungen vom Alter, die durch unterschiedliche Erfahrungen, Ängste und Wünsche bezüglich des eigenen Alters geprägt sind. Sie führen mitunter zu folgenschweren normativen defizitorientierten Festlegungen und bestimmten Leitbildern des Alters, die das professionelle Handeln einengen. Aus der konkreten Machtposition heraus neigen Helfer oft dazu, sich an den Patienten stellvertretend für Eltern und Großeltern rächen und sie zu verletzen.

Radebold betont die große Bedeutung der eigenen Lehranalyse, in der der jüngere Therapeut die Chance hat, seine auf die Älteren übertragenen libidnösen und aggressiven Wünsche, Phantasien, Ängste und Konflikte und Objektbeziehungsmuster kennenzulernen. Andere in diesem Bereich Tätige, die keine Lehranalyse erhalten, sollten in einer geschützten Situation über Supervision und Balintgruppenarbeit ihre eigenen reaktivierten Übertragungen kennenlernen.

Es scheint, als hätten ältere Patienten insgesamt weniger Probleme mit jüngeren Therapeuten als umgekehrt, so daß die *altersspezifischen Schwierigkeiten in der Gegenübertragung bedeutender sind als in der Übertragung.* Leider ist dieser Bereich noch weitgehend tabuisiert.

Vom Patienten gemiedene Themen werden vom jüngeren Helfer oft nicht bewußt aufgegriffen bzw. abgewehrt.

Radebold hält folgende Aspekte der Gegenübertragung für wesentlich:

- Ältere werden zu Abwehrzwecken als schwache, hilfsbedürftige Eltern erhofft

  ⇒ um ohne Schuldgefühle an andere Behandler überwiesen werden zu können

- sie werden als asexuelle Wesen erhofft

  ⇒ um die sexuellen Wünsche, Phantasien und Konflikte über die eigenen Eltern nicht bear-
  beiten zu müssen

- Rache- aber auch Schuldgefühle werden ausagiert. Radebold diskutiert auch den Gedanken,
  daß jüngere Therapeuten in Deutschland die ältere Generation unbewußt dafür bestrafen
  möchte, daß sie im 3.Reich lebte, ohne sich genügend vom Nationalsozialismus abzugrenzen
  oder sich später damit auseinanderzusetzen

- Ältere werden idealisiert und in ihren Schwierigkeiten nicht wahrgenommen

- Jüngere treten als Normgeber für das Alter auf: besonders durch die lang erhaltene These von der Libidoinvolution im Alter, aber auch bezüglich des Umgangs mit Geld und Besitz

3.3. Hirsch: Balintarbeit in der Altenarbeit (1992)

3.3.1. Allgemeines

Die auf der theoretischen Basis der PA fundierte Balintarbeitdient dient professionellen Helfern. Ihr Arbeitsschwerpunkt ist die Beziehungsdiagnostik, die Erforschung der Helfer-Hilfesuchender-Beziehung, besonders unter dem *Aspekt der Gegenübertragung*. 10-12 Teilnehmer treffen sich in regelmäßigem Abstand über 2-3 Jahre. Nach einem "Fallbericht" eines Teilnehmers in freier Form äußern die übrigen Teilnehmer ihre während des "aktiven" Zuhörens entstandenen Gedanken, Gefühle, Phantasien, Körperempfindungen und Handlungsimpulse. Der Gruppenleiter ermuntert zu "frechem Phantasieren, Mut zur eigenen Dummheit, Offenheit". Durch den Bericht entsteht eine aktuelle Beziehung zwischen Vortragendem (stellvertretend für den Patienten) und der Gruppe (stellvertretend für den Helfer), durch die die problematische Konstellation aus ihrem starren Kontext gehoben, deutlich und bearbeitbar wird.

Die Prozeßschritte dabei sind zu kennzeichnen.als:

- Lernen (einer neuen Sichtweise im Umgang mit den Patienten durch die Beziehungsdiagnostik in der Gruppe)
- Verlernen (Verunsicherung und Hinterfragen bisherigen "objektiven" Wissens und
  traditioneller Diagnostik durch die neue Sichtweise)
- Wiedererlernen (durch Verbindung von Beziehungsdiagnostik und "objektivem" Wissen zu
  einer Gesamtdiagnose).

3.3.2. Gerontologische Balintgruppe

In der Altenarbeit handelt es sich um multiprofessionelle Teams, die eine hohe Verantwortung tragen. Oft haben sie die für die vielfältigen Belastungssituationen erforderlichen Bewältigungsstrategien nicht vermittelt bekommen. Durch die verschiedenen Berufsgruppen entstehen oft unfruchtbare Machtkonstellationen, Uneinigkeit über Interventionen, Mißverständnisse aufgrund verschiedener "Sprachen". Besonders erschwert wird die Arbeit durch die Beziehung älterer Patient - jüngerer Helfer, die bei Ärzten meist noch von einem Defizitmodell beeinflußt wird. Häufiges Thema ist die Gegenübertragung der Elternteile des Helfers auf den Älteren. Hirsch bezieht in seine Balintarbeit auch bildnerische Gestaltung ein, wodurch das Beziehungsgefüge deutlich faßbarer wird (Hirsch, S.399).

4. Ausblick

Das chronologische Alter des Patienten ist weniger von Bedeutung als das Alter der Störung, unter der er leidet. Die bisherigen Kenntnisse und Erfahrungen reichen noch lange nicht aus, um systematische Diagnosen bei Älteren zu stellen, da das Vorurteil vom psychoanalytisch Unbehandelbaren ab dem 40. Lebensjahr (nach Freud) bisher zwar etwas, aber nur geringfügig altersmäßig nach oben verschoben wurde.

Die von Analytikern vertretenen Leitbilder vom Alter wie das des sich zurückziehenden, altersweisen Menschen (meist Mannes) oder das des zunehmend abhängiger werdenden Alten führen zu eingeengten und zeitlich limitierten Behandlungsangeboten und Therapiezielen: die Bewältigung der restlichen Lebenszeit einschließlich des eigenen Todes und die Sinnsuche.

Diese Setzungen stammen meist von Menschen zwischen 40 und 65 Jahren ohne ausgeprägte eigene Alterserfahrung und beziehen sich meist auf Behandlungserfahrungen mit Menschen im Alter von 50 bis 65 Jahren. Hier werden eigene Menschenbilder und Werturteile als Tatsachen vermittelt und unzulässige Verallgemeinerungen an einer Teilpopulation vorgenommen.

Radebold regt eine Forschung und Praxis an, die in die Lage versetzen soll, das erreichbare Veränderungs- und Entwicklungspotential überhaupt erst kennenzulernen, über das aufgrund mangelnder Erfahrungen Daten bisher weitgehend fehlen. Er selbst betont, daß er durch sein Älterwerden und seinen Erfahrungszuwachs in der Behandlung mit Älteren in den letzten Jahren seine eigenen Ansichten und Zielsetzungen von früher relativiert hat. Ihm erscheint es erst sinnvoll, bei Patienten, die älter als 70/75 Jahre sind, und natürlich, deren eigenen Wünschen entsprechend, stärker eingeengte Ziele mit den dazugehörigen Therapieformen zu verfolgen.

Günstige Voraussetzungen für die Arbeit mit Älteren sind:
- gute, nicht idealisierende Erfahrungen mit Älteren aus der eigenen Kindheit

- eigene Erfahrungen mit nicht zu traumatisierenden Verlusten uns wichtiger Menschen und

  eigene Krankheitserfahrung

- Alltagskontakte zu Älteren

- Erfahrungen als Eltern

- historische Kenntnisse über die Sozial- und Alltagsgeschichte der Älteren

- Berücksichtigung intra- und intergenerativer Aspekte

- bereits im Erstinterview bewußte Suche und Fragen nach den gesunden Ich-Anteilen des

  Patienten

LITERATUR

Brenner, Ch. (1982). *Praxis der Psychoanalyse. Psychischer Konflikt und Behandlungstechnik.* Frankfurt a.M.: Fischer.

Devereux, G. (1967). *Angst und Methode in den Verhaltenswissenschaften.* München: Hanser.

Freud, S. (1905, 1960). Bruchstück einer Hysterie-Analyse, In *S. Freud, Ges. Werke, Bd V.* Frankfurt a.M.: Fischer.

Freud, S. (1912, 1960). Ratschläge für den Arzt bei der psychoanalytischen Behandlung. In *S. Freud, Ges. Werke, Bd VIII.* Frankfurt a.M.: Fischer.

Greenson, R.R. (1986). *Technik und Praxis der Psychoanalyse, Bd I.* Stuttgart: Klett-Cotta.

Hirsch, R.D. (1992). Balintgruppen in der Altenarbeit. *Zeitschrift für Gerontologie, 25 (6), S. 397-400.*

Kemper, J. (1992). Psychotherapeutische Versorgung Alternder in einer Nervenarztpraxis. *Zeitschrift für Gerontologie, 25 (6), S. 356-359.*

Malcolm, J. (1983). *Fragen an einen Psychoanalytiker: zur Situation eines unmöglichen Berufs.* Stuttgart: Klett-Cotta.

Radebold, H. (1992). *Psychodynamik und Psychotherapie Älterer.* Berlin: Springer.

Radebold, H. (1992). Psychotherapeutische Zielsetzungen für Ältere. *Zeitschrift für Gerontologie, 25 (6), S. 349-355.*

Thomä, H. (1984). Der Beitrag des Psychoanalytikers zur Übertragung. *Psyche, 38, S. 54-56.*